# Nudelgerichte ohne Schnickschnack

„Omas Rezepte sind die besten"

Elisabeth Bangert

# Nudelgerichte ohne Schnickschnack

### „Omas Rezepte sind die besten"

**EDITION XXL**

# Vorwort

Nudeln sind eigentlich kein besonderes Nahrungsmittel, aber mit den passenden Zutaten kombiniert werden sie zu einer echten Gaumenfreude. Es gibt Dutzende von Nudelsorten, da fällt die Auswahl oft schwer. Ein leckeres Gericht beginnt mit den richtigen Nudeln. Alle Sorten mit ähnlichen Formen können gegeneinander ausgetauscht und je nach Lust und Laune weiterverarbeitet werden.

Nudelgerichte sind in der Regel sehr schnell und unkompliziert zubereitet. Das Wichtigste dabei ist, beim Kochen viel Wasser zu verwenden! Pro 100 g sollte man mindestens 1 Liter Wasser rechnen, damit die Nudeln nach dem Kochen nicht so schnell zusammenkleben. Auf keinen Fall dürfen Nudeln zu weich gekocht werden. Nichts macht sie leckerer als der knackige Biss.

Die Kochzeit hängt von der Größe und der Form der Nudeln ab, hier sollte man sich an die Angaben auf den Packungen halten. Nach dem Kochen die Nudeln gleich durch ein Sieb abgießen und kurz schütteln. Sie dürfen ruhig noch etwas feucht sein. Am besten sofort in eine vorgewärmte Schüssel geben und mit etwas Butter oder Öl vermischen.

Für Nudelsalate sollte man die gekochten Nudeln kurz mit kaltem Wasser abbrausen. Dabei wird die Stärke abgespült und außerdem garen die Nudeln nicht mehr nach, sondern bleiben schön knackig.

Das wäre auch schon das Wesentliche, das beim Kochen von Nudeln zu beachten ist.

Ich wünsche Ihnen viel Spaß beim Zubereiten der leckeren Gerichte.

Ihre Elisabeth Bangert

# Inhalt

## Zutaten für 4 Personen:

150 g Gabelnudeln
1–2 EL Paniermehl
1 Möhre
100 g Kalbshackfleisch
3 Zweige Petersilie
2 l Rinderbrühe
100 g grobes Bratwurstbrät

½ Bund Schnittlauch
1 Ei
1 EL süße Sahne
Salz
Pfeffer
geriebene Muskatnuss

## Zubereitung:

**1.** Die Petersilie sowie den Schnittlauch waschen und trockenschütteln. Die Petersilie fein hacken, den Schnittlauch in Röllchen schneiden.

**2.** Das Kalbshackfleisch mit dem Bratwurstbrät, dem Ei, der Sahne und dem Paniermehl vermischen. Die Petersilie dazugeben und gut unterkneten. Den Fleischteig mit Salz, Pfeffer und Muskat pikant abschmecken.

**3.** Die Rinderbrühe in einen Topf geben und zum Kochen bringen. Zwischenzeitlich die Möhre schälen, in dünne Stifte schneiden, in die Brühe geben und ca. 8 bis 10 Minuten köcheln lassen, dann die Hitze herunterschalten.

**4.** Etwas von dem Fleischteig auf eine Handfläche geben und mit einem Teelöffel Nocken in die heiße Suppe streifen. Auf diese Weise den gesamten Fleischteig zu Nocken verarbeiten. Die Nudeln hinzufügen und das Ganze ca. 8 bis 10 Minuten bei schwacher Hitze gar ziehen lassen. Achtung: Die Suppe darf jetzt nicht mehr kochen.

**5.** Die Suppe mit den Nocken in Teller füllen und mit Schnittlauchröllchen bestreut servieren.

# Kalbsnockensuppe

## Zutaten für 4 Personen:

250 g Buchstabennudeln
1 küchenfertige Poularde
2 Möhren
1 kleine Stange Lauch
2 Stangen Staudensellerie
1 Petersilienwurzel
1 Zweig Liebstöckel

Salz
Pfeffer
1 Lorbeerblatt
1 Zwiebel
3 Nelken
geriebene Muskatnuss
1 Bund glatte Petersilie

## Zubereitung:

**1.** 3 l Wasser in einen großen Topf geben, zum Kochen bringen und die Poularde einlegen. Die Zwiebel halbieren und auf eine Hälfte das Lorbeerblatt legen. Mit den Nelken feststecken. Die Zwiebelhälften und den Liebstöckel zur Poularde geben und das Ganze ca. 40 Minuten leicht köcheln lassen. Mit Salz und Pfeffer kräftig würzen.

**2.** Die Möhren, den Staudensellerie, den Lauch und die Petersilienwurzel putzen, waschen und in gleich große, kleine Stücke schneiden.

**3.** Nach Ablauf der Garzeit die Poularde herausnehmen, die Haut abziehen, das Fleisch von den Knochen lösen und in mundgerechte Stücke teilen. Nach Belieben können die beiden Schenkel ganz bleiben. Die Zwiebelhälften und den Liebstöckel entfernen.

**4.** Die Brühe durch ein mit Küchenpapier ausgelegtes Sieb in einen neuen Topf abgießen, um sie zu klären, und dann erneut zum Kochen bringen.

**5.** Nun das klein geschnittene Gemüse und die Buchstabennudeln hinzufügen und für weitere 8 bis 10 Minuten köcheln lassen. Danach das Fleisch wieder zurück in die Suppe geben und erhitzen.

**6.** Die Petersilie waschen, trockenschütteln, fein hacken und unterrühren. Vor dem Servieren noch einmal mit Salz, Pfeffer und Muskat abschmecken.

# Zutaten für 4 Personen:

250 g breite Bandnudeln (19 mm)
2 Zwiebeln
1 Knoblauchzehe
2 EL Pflanzenöl
400 g gemischtes Hackfleisch
Salz
Pfeffer

geriebene Muskatnuss
1 Dose Tomatenmark
125 ml trockener Rotwein
1 Lorbeerblatt
1 EL Rosmarinnadeln
2 TL Thymian
100 g Emmentaler

14

# Zubereitung:

1. Die Zwiebeln und den Knoblauch schälen und fein würfeln. Das Öl in einer Pfanne erhitzen und die Zwiebel- sowie die Knoblauchwürfel darin andünsten.

2. Den Backofen auf 200° C, Heiß- luft 180° C, Gas Stufe 3 vorheizen.

3. Die Nudeln in 5 l Wasser mit 2 EL Salz ca. 10 Minuten bissfest garen.

4. Das Hackfleisch in die Pfanne zu den Zwiebeln und dem Knoblauch geben und scharf anbraten. Mit Salz, Pfeffer und Muskat kräftig abschme- cken. Das Tomatenmark hinzufügen und etwas mit anrösten lassen, dann mit dem Rotwein ablöschen. Das

Lorbeerblatt, die Rosmarinnadeln und den Thymian dazugeben und alles ca. 10 Minuten köcheln lassen, dann das Lorbeerblatt entfernen

5. Die Nudeln durch ein Sieb abgie- ßen und gut abtropfen lassen. Danach den Käse grob reiben.

6. Eine Auflaufform gut mit Butter einfetten und die Nudeln hineingeben. Die Hackfleischsoße darüber vertei- len, mit dem Käse bestreuen und im Backofen so lange überbacken, bis der Käse geschmolzen ist und eine schöne goldene Farbe hat.

## Zutaten für 4 Personen:

500 g gedrehte Bandnudeln
2 Zwiebeln
2–3 Knoblauchzehen
250 g Naturjogurt
30 g Butter
30 g Schmalz

250 g Rinderhackfleisch
Salz
Pfeffer
1 TL Paprikapulver
geriebene Muskatnuss

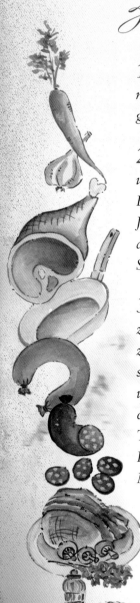

## Zubereitung:

**1.** Die Nudeln in 6 bis 8 l Wasser mit 2 EL Salz ca. 10 Minuten bissfest garen.

**2.** In der Zwischenzeit die Zwiebeln und die Knoblauchzehen schälen. Beides in feine Würfel schneiden. Den Jogurt in eine Schüssel geben und mit den Knoblauchwürfeln mischen, mit Salz und wenig Pfeffer abschmecken.

**3.** Das Schmalz in einer Pfanne erhitzen und die Zwiebeln kurz anschwitzen. Das Hackfleisch hinzufügen und scharf anbraten, dass es schön braun wird. Mit Salz und Pfeffer abschmecken. Die Butter in einem kleinen Topf zergehen lassen und mit dem Paprikapulver und etwas geriebener Muskatnuss würzen.

**4.** Die Nudeln durch ein Sieb abgießen, gut abtropfen lassen und auf vorgewärmte Teller geben. Das Hackfleisch über die Nudeln verteilen, jeweils einen Klecks Knoblauchjogurt darauf setzen und das Ganze mit der flüssigen, gewürzten Butter beträufeln.

Tipp:
Für alle Knoblauchliebhaber: Vier Knoblauchzehen in hauchdünne Scheiben schneiden und auf den fertig angerichteten Tellern verteilen.

# Nudeln mit Hackfleisch

## Zutaten für 4 Personen:

500 g Spinatnudeln
300 g Landsalami in Scheiben
3 große Zwiebeln
2 Tomaten
3 EL Pflanzenöl
1 Knoblauchzehe

125 ml Geflügelbrühe
100 ml süße Sahne
2 TL getrockneter Thymian
Salz
Pfeffer

## Zubereitung:

**1.** Die Salami in ca. 1 x 1 cm große Quadrate schneiden. Die Zwiebeln und den Knoblauch schälen und klein würfeln.

**2.** Die Tomaten an der Blüte über Kreuz einschneiden, mit kochendem Wasser überbrühen, die Haut abziehen, die Tomaten vierteln, entkernen und den Strunk entfernen. Das Fruchtfleisch ebenfalls würfeln.

**3.** Das Öl in einer Pfanne erhitzen und die Salami sowie die Zwiebel- und die Knoblauchwürfel unter Rühren darin anbraten.

**4.** Das Ganze mit Brühe und Sahne ablöschen. Mit Salz, Pfeffer sowie Thymian mild würzen. Bei mittlerer Hitze zugedeckt 10 Minuten köcheln lassen. Die Tomatenwürfel nur noch unterheben und alles noch einmal abschmecken.

**5.** Die Nudeln in 6 bis 8 l Wasser mit 2 EL Salz ca. 7 Minuten bissfest garen. Danach durch ein Sieb abgießen und gut abtropfen lassen. Mit der Soße vermischen und auf vorgewärmte Teller verteilt servieren.

*Tipp:*
*Großmutter hatte die Tomaten direkt aus dem eigenen Garten. Das Aroma frischer Tomaten ist unvergleichlich! Wenn die Möglichkeit besteht, Tomaten im Bioladen zu kaufen, sollte man das nutzen.*

## Zutaten für 4 Personen:

500 g breite Nudelnester
800 g Entenbrust
100 g Dörrfleisch
2 Zwiebeln
2 Stangen Staudensellerie
3 EL Pflanzenöl
1 Lorbeerblatt
2 Knoblauchzehen

500 g passierte Tomaten
200 ml Geflügelbrühe
2 Salbeizweige
1 Rosmarinzweig
½ Bund Petersilie
Salz
Pfeffer

## Zubereitung:

**1.** Die Entenbrust waschen und trockentupfen, eventuelle Federreste abzupfen und die Haut mit einem scharfen Messer rautenförmig einschneiden. Den Backofen auf 80° C Heißluft vorheizen.

**2.** Die Zwiebeln und den Knoblauch schälen und fein würfeln. Den Staudensellerie putzen, waschen und zusammen mit dem Dörrfleisch ebenfalls würfeln. Den Salbei und die Petersilie waschen und trockenschütteln. Vom Salbei ca. 10 Blätter grob, die Petersilie fein hacken.

**3.** Das Öl in einer Pfanne stark erhitzen und das Dörrfleisch auslassen, die Entenbrust zuerst auf der Hautseite kross anbraten, dann wenden und die Fleischseite 2 bis 3 Minuten braten. Danach aus der Pfanne nehmen und im Backofen auf den Rost legen. Ca. 25 bis 30 Minuten gar ziehen lassen.

**4.** Die Nudelnester in 6 bis 8 l Wasser mit 2 EL Salz ca. 9 Minuten bissfest garen.

**5.** Die Zwiebel- und Knoblauchwürfel, den Sellerie, das Lorbeerblatt sowie den gehackten Salbei in die Pfanne zu dem Dörrfleisch geben und 2 Minuten anrösten. Mit den passierten Tomaten sowie der Brühe aufgießen und das Ganze ca. 8 bis 10 Minuten köcheln lassen. Mit Salz und Pfeffer würzen. Den Rosmarin waschen und zusammen mit der Petersilie hinzufügen.

**6.** Nach Ablauf der Garzeit die Nudeln durch ein Sieb abgießen, gut abtropfen lassen und auf vorgewärmte Teller verteilen. Die Soße darüber geben und mit schräg aufgeschnittenen Entenbrustscheiben belegen. Mit den restlichen Salbeiblättchen garnieren.

# Nudelnester mit Entenbrust

## Zutaten für 4 Personen:

500 g gerädelte Nudeln
1 große Lauchstange
2 Zwiebeln
5 EL Pflanzenöl
1 Knoblauchzehe
200 g Hackfleisch
250 ml Fleischbrühe

250 ml trockener Weißwein
250 ml Wasser
100 g Emmentaler
Salz
Pfeffer

## Zubereitung:

**1.** Den Lauch putzen, waschen, die oberen dunkelgrünen Spitzen abschneiden. Den Rest der Länge nach vierteln und in Streifen schneiden. Die Zwiebeln und den Knoblauch schälen und fein würfeln. Den Käse grob reiben.

**2.** Die Nudeln in 6 bis 8 l Wasser mit 2 EL Salz ca. 10 Minuten bissfest garen.

**3.** Zwischenzeitlich das Öl in einem großen Topf erhitzen und die Zwiebel- sowie die Knoblauchwürfel darin anschwitzen. Die Lauchstreifen hinzufügen und ebenfalls etwas andünsten lassen.

**4.** Das Hackfleisch grob zerpflückt in die Pfanne geben, etwas anbraten, dann mit Brühe, Wein und Wasser aufgießen. Mit Salz und Pfeffer kräftig abschmecken und ca. 15 Minuten garen.

**5.** Die Nudeln durch ein Sieb abgießen und gut abtropfen lassen. Auf vorgewärmte Teller verteilen und mit der Hascheesoße überziehen. Zum Schluss mit geriebenem Käse sowie etwas Pfeffer bestreuen.

Tipp:
Die Lauchstange können Sie auch durch Staudensellerie ersetzen.

# Zutaten für 4 Personen:

100 g Röhrchennudeln
500 g Schweineschulter
100 g Zuckerschoten
3 EL Pflanzenöl
1 Zweig Rosmarin
3 Knoblauchzehen
3 rote Zwiebeln

1 l heiße Fleischbrühe
500 ml Weißwein
250 g Salatgurke
1 kleine Dose geschälte Tomaten
Salz
Pfeffer
2 frische Salbeiblättchen

# Zubereitung:

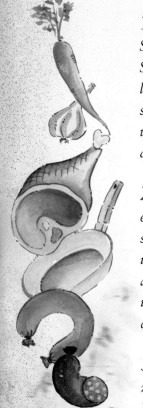

**1.** Das Fleisch von Haut sowie Sehnen befreien und in mundgerechte Stücke schneiden. Die Zwiebeln schälen und grob zerteilen, den Knoblauch schälen und fein würfeln. Die Gurke waschen und in dicke Stifte schneiden.

**2.** Das Öl in einem großen Topf erhitzen und die Fleischstücke darin scharf anbraten, dann die Zwiebel- und Knoblauchwürfel dazugeben, alles einige Minuten mitbraten lassen und dann mit der Fleischbrühe und dem Wein aufgießen.

**3.** Den Rosmarinzweig waschen und zum Fleisch geben, mit Salz und Pfeffer kräftig würzen und das Ganze zugedeckt ca. 40 bis 50 Minuten garen, dabei gelegentlich umrühren. Die Salbeiblättchen bereits waschen und fein hacken.

**4.** Zwischenzeitlich die Nudeln in 3 l Wasser ca. 8 Minuten bissfest garen. Die Zuckerschoten waschen, halbieren, in ein Sieb geben und im kochenden Nudelwasser blanchieren. Nach Ablauf der Garzeit die Nudeln durch ein Sieb abgießen, mit kaltem Wasser abschrecken und gut abtropfen lassen.

**5.** Die Tomaten zum Fleisch geben und mit einem Rührlöffel grob zerdrücken. Die Gurkenstifte, die Zuckerschoten sowie die Nudeln ebenfalls hinzufügen, alles gut miteinander vermischen und ca. 3 bis 5 Minuten weiterköcheln lassen.

**6.** Zum Schluss den Eintopf auf Teller verteilen und mit dem gehackten Salbei bestreut servieren.

## Zutaten für 4 Personen:

250 g Vollkorn-Dinkelnudeln
200 g Landsalami
100 g Emmentaler
etwas Zitronensaft
75 g Salatgurke
50 g Gewürzgurken
Salz
Pfeffer

½ TL Paprikapulver
3 EL Salatmajonäse
4 EL süße Sahne
etwas Zucker
2 EL gehackte Petersilie

26

## Zubereitung:

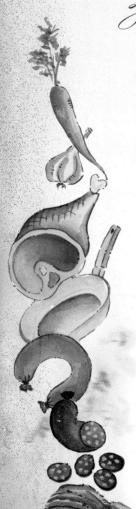

**1.** Die Nudeln in 5 l Wasser mit 2 EL Salz ca. 8 Minuten bissfest garen, danach durch ein Sieb abgießen, mit kaltem Wasser abschrecken und erkalten lassen.

**2.** Die Salami und den Emmentaler in feine Stifte schneiden. Die Salatgurke waschen und zusammen mit den Gewürzgurken ebenfalls in Stifte schneiden.

**3.** Die Nudeln, die Salami, den Käse sowie die Gurkenstifte zusammen in eine Schüssel geben.

**4.** Danach aus Majonäse, Sahne, Zitronensaft, Petersilie, Salz, Zucker, Paprikapulver und Pfeffer eine Marinade rühren und über die Salatzutaten gießen. Alles miteinander vermischen und mindestens 3 Stunden durchziehen lassen.

### Tipp:

Dekorieren Sie den Nudelsalat mit einigen Salatgurkenscheiben, einem Stückchen Salami und einer fächerartig aufgeschnittenen Gewürzgurke. Ein kleines Petersiliensträußchen rundet das Bild ab.

## Zutaten für 4 Personen:

300 g Schweinenieren
500 g Spätzle
200 g Steinpilzchampignons
1 Zwiebel
500 ml Fleischbrühe
500 ml helles Bier
1 TL Paprikapulver

100 ml süße Sahne
1 Bund Schnittlauch
1 Prise Zucker
Pfeffer
Salz
10 g Mehl
4 EL Öl

## Zubereitung:

**1.** Die Nieren unter kaltem Wasser waschen und der Länge nach halbieren. Die inneren Gefäße großzügig herausschneiden, die Nieren in mundgerechte Stücke teilen und mindestens 60 Minuten in kaltes Wasser legen.

**2.** Die Nudeln in 6 bis 8 l Wasser mit 2 EL Salz ca. 10 Minuten bissfest garen. Danach durch ein Sieb abgießen und gut abtropfen lassen, warm stellen.

**3.** Die Pilze putzen und vierteln, die Zwiebel schälen und fein hacken. Die Nierenstücke aus dem Wasser nehmen und trockentupfen, danach in Mehl wenden.

**4.** Das Öl in einer Pfanne erhitzen, die Nierenstücke scharf anbraten, die Zwiebel und das übrige Mehl dazugeben und mit anrösten, dann die Pilze hinzufügen und mit Brühe sowie Bier aufgießen. Mit Salz, Pfeffer, Paprikapulver und Zucker pikant würzen. Alles ca. 15 Minuten schmoren lassen.

**5.** Den Schnittlauch waschen, trockenschütteln und in feine Röllchen schneiden. Die Nudeln mit Sahne sowie Schnittlauch zu den Nieren geben und alles gut miteinander vermischen. Auf vorgewärmten Tellern anrichten und servieren.

28

## Zutaten für 4 Personen:

500 g breite Nudeln
350 g geräucherte Blutwurst
300 g geschälte Tomaten
2 EL Schweineschmalz
2 Bund Rauke
2 Zwiebeln

1 Prise Zucker
Salz
Pfeffer
1 EL Apfelessig

30

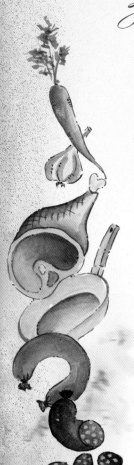

## Zubereitung:

**1.** Die Zwiebeln schälen und zusammen mit der Blutwurst in kleine Würfel schneiden. Das Schweineschmalz in einem Topf erhitzen und die Zwiebelwürfel darin andünsten. Die Blutwurstwürfel dazugeben und kross anrösten, dann die Tomaten hinzufügen und mit einer Gabel grob zerteilen.

**2.** Die Nudeln in 6 bis 8 l Wasser mit 2 EL Salz ca. 10 Minuten bissfest garen.

**3.** Zwischenzeitlich die Rauke verlesen, waschen, abtropfen lassen und grob zerpflücken. Zur Soße geben, unterrühren und das Ganze kräftig mit Salz, Pfeffer, einer Prise Zucker und dem Apfelessig abschmecken.

**4.** Die Nudeln durch ein Sieb abgießen und gut abtropfen lassen. Auf vorgewärmte Teller geben, die Blutwurstsoße darauf verteilen und sofort servieren.

Tipp:
Obwohl Rauke schon zu Omas Zeiten sehr beliebt war, wurde sie lange Zeit kaum angeboten. Inzwischen ist sie geradezu zum Statussymbol der modernen Küche geworden. Im Handel wird sie auch als Rucola angeboten.

# Nudeln mit Blutwurst

## Zutaten für 4 Personen:

500 g Knöpfle
300 g Geflügelleber
1 Zwiebel
2 Frühlingszwiebeln
1 Knoblauchzehe
2 EL Olivenöl
1 TL Butter

100 ml Geflügelbrühe
1 Schuss Rotwein
1 Bund Petersilie
1 Zweig Thymian
Salz
Pfeffer

## Zubereitung:

**1.** Die Geflügelleber unter fließendem Wasser waschen, trockentupfen, eventuell von Sehnen befreien und in grobe Stücke schneiden. Die Zwiebel und den Knoblauch schälen und fein würfeln. Die Frühlingszwiebeln putzen, waschen und in Ringe schneiden. Die Petersilie sowie den Thymian waschen und trockenschütteln. Die Petersilie fein hacken, von dem Thymian die Blättchen abzupfen.

**2.** Das Öl in einer Pfanne erhitzen und die Zwiebel- sowie die Knoblauchwürfel kurz anbräunen. Dann die Butter und die Geflügelleberstücke dazugeben und kurz mit anbraten. Danach mit dem Rotwein ablöschen, mit der Brühe aufgießen und das Ganze ca. 10 Minuten köcheln lassen.

**3.** Die Knöpfle in 6 bis 8 l Wasser mit 2 EL Salz ca. 10 Minuten bissfest garen.

**4.** Kurz vor Ende der Garzeit die Frühlingszwiebelringe, die Petersilie und die Thymianblättchen zur Leber geben. Die Soße mit Salz und Pfeffer abschmecken.

**5.** Die Nudeln durch ein Sieb abgießen, gut abtropfen lassen und mit der Lebersoße servieren.

Tipp:
Die Geflügelleber kann man jederzeit gegen Rinder- oder Schweineleberstücke austauschen.

# Knöpfle mit Geflügelleber

## Zutaten für 2 Personen:

250 g Spiralen
60 g Dörrfleisch
1 kleine Zwiebel
15 g Butterschmalz
2–3 Eier
Salz
geriebene Muskatnuss
250 g Apfelmus

## Zubereitung:

**1.** Die Zwiebel schälen und zusammen mit dem Dörrfleisch in kleine Würfel schneiden.

**2.** Die Nudeln in 5 l Wasser mit 1 EL Salz ca. 8 Minuten bissfest garen. Danach durch ein Sieb abgießen und gut abtropfen lassen.

**3.** Das Butterschmalz in einer Pfanne erhitzen und die Dörrfleischwürfel darin auslassen. Dann die Zwiebelwürfel hinzufügen und mit anbraten. Die Nudeln dazugeben und durchschwenken, anschließend die Eier hineinschlagen und grob verrühren. Das Ganze 2 bis 3 Minuten bei schwacher Hitze stocken lassen.

**4.** Die Schinkennudeln mit etwas Salz und Muskat abschmecken, auf vorgewärmte Teller verteilen und zusammen mit dem Apfelmus servieren.

Tipp:
Dieses Rezept eignet sich besonders zur Verwertung von übrig gebliebenen Nudeln.

## Zutaten für 4 Personen:

350 g Makkaroni
4 grobe Bauernbratwürste
500 g pürierte Tomaten
175 g Emmentaler
1 Zwiebel

1 EL Olivenöl
Salz
Pfeffer
1 TL Rosmarinnadeln

36

## Zubereitung:

**1.** Den Backofen auf 170 °C, Heißluft 150° C, Gas Stufe 2 vorheizen. Den Käse reiben.

**2.** Die Zwiebel schälen und fein würfeln. Das Öl in einer großen Pfanne erhitzen und die Bratwürste von allen Seiten anbraten. Danach herausnehmen, auf Küchenpapier etwas abtropfen lassen und in ca. 1,5 cm dicke Scheiben schneiden.

**3.** Die Zwiebelwürfel in der gleichen Pfanne andünsten, die Bratwurstscheiben sowie die pürierten Tomaten hinzufügen und langsam aufkochen lassen. Mit Salz, Pfeffer und Rosmarin abschmecken.

**4.** Währenddessen die Makkaroni zweimal durchbrechen und in 6 l Wasser mit 1 EL Salz ca. 5 Minuten garen. Danach durch ein Sieb abgießen und gut abtropfen lassen.

**5.** Eine Auflaufform gut einfetten und die Hälfte der Nudeln hineingeben. Die Soße darüber geben und mit den restlichen Nudeln bedecken. Den geriebenen Käse darüber streuen und das Ganze ca. 20 bis 30 Minuten im Ofen überbacken.

Tipp:
Bleibt ein Rest übrig, kann dieser im Backofen nochmals erhitzt werden. Dazu etwas Wasser über die Nudeln spritzen, damit sie nicht austrocknen, und bei 200° C ca. 5 bis 10 Minuten erhitzen.

# Makkaroni mit Bratwurst

## Zutaten für 4 Personen:

500 g schmale Nudeln
150 g Dörrfleisch
500 g Hüttenkäse
200 g saure Sahne
Salz
Pfeffer
etwas Zucker
1 Bund Schnittlauch

38

## Zubereitung:

**1.** Das Dörrfleisch in kleine Würfel schneiden, in einer Pfanne kross anbraten und beiseite stellen. Den Schnittlauch waschen, trocken-schütteln und in feine Röllchen schneiden.

**2.** Die Nudeln in 6 bis 8 l Wasser mit 2 EL Salz ca. 9 Minuten bissfest garen.

**3.** Nach Ablauf der Garzeit durch ein Sieb abgießen, gut abtropfen lassen und wieder zurück in den Topf geben. Den Hüttenkäse, den Schnittlauch sowie die saure Sahne dazugeben und alles gut miteinander vermischen. Mit Salz, Pfeffer und etwas Zucker pikant abschmecken.

**4.** Die Nudeln auf vorgewärmten Tellern anrichten und mit den gebratenen Dörrfleischwürfeln bestreut servieren.

Tipp:
Der Hüttenkäse und die saure Sahne geben dem Gericht einen frischen Geschmack. Diese Zutaten können z. B. durch einen anderen Frischkäse und Schmand oder Crème fraîche ersetzt werden.

## Zutaten für 4 Personen:

500 g bunte Nudeln
200 g Champignons
300 g frische Fischfilets
2 Schalotten
1 Knoblauchzehe
20 g Butter
200 g Blattspinat

100 ml Bouillon
50 ml Weißwein
180 g Rahm
Salz
Pfeffer
½ Bund Dill

## Zubereitung:

**1.** Die Fischfilets waschen, trockentupfen und in mundgerechte Stücke schneiden. Die Schalotten und den Knoblauch schälen und fein würfeln.

**2.** Die Champignons putzen, mit einem Tuch oder einem Bürstchen reinigen und vierteln, größere Pilze entsprechend klein schneiden. Den Spinat verlesen, putzen, waschen und die harten Stiele entfernen. Den Dill waschen, trockenschütteln und fein hacken.

**3.** Die Nudeln in 6 bis 8 l Wasser mit 2 EL Salz ca. 6 bis 7 Minuten bissfest garen.

**4.** Die Butter in einem Topf erhitzen, die Schalotten- und die Knoblauchwürfel sowie die Champignons darin andünsten. Mit der Bouillon und dem Weißwein aufgießen und zugedeckt 6 bis 7 Minuten köcheln lassen. Danach den Spinat dazugeben sowie den Rahm unterrühren und mit Salz und Pfeffer kräftig abschmecken. Die Fischstücke und den Dill hinzufügen und einige Minuten gar ziehen lassen.

**5.** Die Nudeln durch ein Sieb abgießen, abtropfen lassen und mit der Soße auf vorgewärmten Tellern anrichten.

Tipp:
Den Fisch können Sie durch alle Fischarten, die man in unseren Gewässern fangen kann, ersetzen, wie z. B. Forelle oder Hecht.

# Nudeln „Fischerin"

## Zutaten für 2 Personen:

250 g breite Nudeln
2 Dosen Ölsardinen
3 EL Pflanzenöl
2 Knoblauchzehen
200 ml Weißwein
½ Bund Petersilie
Salz
Pfeffer
etwas Zitronensaft

## Zubereitung:

**1.** Die Ölsardinen aus der Dose nehmen und auf Küchenpapier etwas abtropfen lassen. Die Knoblauchzehen schälen und in feine Würfel schneiden. Die Petersilie waschen, trockenschütteln und fein hacken.

**2.** Die Nudeln in 5 l Wasser mit 2 EL Salz ca. 10 Minuten bissfest garen.

**3.** Das Öl in einer Pfanne erhitzen und den Knoblauch kurz darin anschwitzen. Die Ölsardinen etwas zerpflücken und ebenfalls in die Pfanne geben. Mit dem Weißwein ablöschen und das Ganze etwas einkochen lassen. Mit Salz, Pfeffer und Zitronensaft abschmecken.

**4.** Die Nudeln durch ein Sieb abgießen, gut abtropfen lassen, zur Soße geben und alles vorsichtig miteinander vermischen. Die Petersilie hinzufügen und unterheben. Auf vorgewärmten Tellern anrichten und servieren.

# Nudeln mit Ölsardinen

## Zutaten für 4 Personen:

250 g Röhrchennudeln
120 g Gewürzgurken
1 Bund Frühlingszwiebeln
370 g Silberzwiebeln
1 großer, säuerlicher Apfel
250 g geräucherte Forellenfilets
2 EL Salatmajonäse
100 g Naturjogurt

3 EL Tomatenmark
5 EL Orangensaft
etwas Zitronensaft
Salz
Pfeffer
½ Bund Dill

## Zubereitung:

**1.** Die Nudeln in 5 l Wasser mit 2 EL Salz ca. 8 Minuten bissfest garen, danach durch ein Sieb abgießen, mit kaltem Wasser abschrecken und erkalten lassen.

**2.** Die Gewürzgurken halbieren und in dünne Scheiben schneiden. Die Frühlingszwiebeln putzen, waschen und in feine Ringe schneiden. Die Silberzwiebeln durch ein Sieb abgießen und gut abtropfen lassen. Den Apfel waschen, vierteln und das Kerngehäuse entfernen. Das Fruchtfleisch würfeln und mit dem Zitronensaft beträufeln. Den Dill waschen, trockenschütteln und fein hacken.

**3.** Die Nudeln mit den Gurkenscheibchen, Frühlings- und Silberzwiebeln sowie den Apfelwürfeln in eine Schüssel geben. Die Forellenfilets in mundgerechte Stücke zerteilen und zusammen mit dem Dill zum Schluss vorsichtig unterheben.

**4.** Für die Soße die Majonäse mit Jogurt und Tomatenmark verrühren. Mit Salz, Pfeffer und Orangensaft abschmecken. Über den Nudelsalat geben und alles vorsichtig mischen. Den Salat mindestens 3 Stunden ziehen lassen.

## Zutaten für 4 Personen:

500 g Makkaroni
300 g Zuckerschoten
100 g gekochter Schinken
50 g Emmentaler
50 g Bergkäse

1 Zwiebel
100 ml Fleischbrühe
3 EL Olivenöl
Salz
Pfeffer

46

## Zubereitung:

**1.** Die Zuckerschoten waschen, gut abtropfen lassen und schräg halbieren. Den Käse fein reiben. Die Schinkenscheiben in ca. 2 x 2 cm große Quadrate schneiden. Die Zwiebel schälen und in feine Würfel schneiden.

**2.** Die Makkaroni in 6 bis 8 l Wasser mit 2 EL Salz ca. 6 Minuten garen. Die Zuckerschoten in ein Sieb geben und in dem kochenden Nudelwasser blanchieren.

**3.** Das Olivenöl in einem Topf erhitzen und die Zwiebel darin andünsten, dann den Schinken hinzufügen. Die Zuckerschoten dazugeben, kurz anschwitzen und mit der Brühe aufgießen. Bei mäßiger Hitze ca. 5 Minuten köcheln lassen und mit Salz sowie Pfeffer abschmecken.

**4.** Die Nudeln durch ein Sieb abgießen, in eine große Schüssel geben und mit der Zuckerschotenmischung sowie dem Käse mischen. Auf vorgewärmte Teller verteilen und gleich servieren.

Tipp:
Die Zuckerschoten lassen sich sehr gut durch grüne Stangenbohnen ersetzen. Diese in ca. 3 bis 4 cm große Stücke schneiden und wie die Zuckerschoten blanchieren.

# Nudeln mit Zuckerschoten

## Zutaten für 4 Personen:

250 g Wellenspätzle
400 g Mangold
1 EL Butter
1 Zwiebel
1 Knoblauchzehe
100 g Tomaten

250 ml Geflügelbrühe
100 g Schmand
Salz
Pfeffer
geriebene Muskatnuss

48

## Zubereitung:

**1.** Den Mangold putzen, waschen und gut abtropfen lassen. Zwei zarte Innenblätter in feine Streifen schneiden und beiseite legen. Den Rest sehr fein hacken. Die Zwiebel und den Knoblauch schälen und fein würfeln.

**2.** Die Butter in einem Topf erhitzen und die Zwiebel- sowie die Knoblauchwürfel darin andünsten. Den gehackten Mangold dazugeben, kurz mit anschwitzen und mit der Brühe aufgießen. Bei milder Hitze und offenem Deckel ca. 5 bis 6 Minuten köcheln lassen.

**3.** Die Wellenspätzle in 5 l Wasser mit 2 EL Salz ca. 8 Minuten bissfest garen.

**4.** Zwischenzeitlich die Tomaten an der Blüte über Kreuz einschneiden, mit kochendem Wasser überbrühen und die Haut abziehen. Danach vierteln, den Stielansatz und die Kerne entfernen und das Fruchtfleisch grob würfeln. Die Mangoldstreifen in ein Sieb geben und kurz in dem kochenden Nudelwasser blanchieren.

**5.** Den Schmand in eine Schüssel geben, 2 EL von der Mangoldsoße hinzufügen und verrühren, danach den Schmand in die Soße geben und unterrühren. Mit Salz, Pfeffer und etwas Muskat abschmecken und die Tomatenwürfel unterheben.

**6.** Die Nudeln durch ein Sieb abgießen und gut abtropfen lassen. Auf vorgewärmte Teller verteilen und die Mangoldsoße darüber geben. Zum Schluss mit den blanchierten Mangoldstreifen bestreuen.

# Spätzle mit Mangold

# Zutaten für 4 Personen:

500 g Hörnchen
300 g Blattspinat
125 g roher Schinken
2 Knoblauchzehen
300 ml süße Sahne
1 Zwiebel

3 EL Olivenöl
weißer Pfeffer
Salz
¼ TL geriebene Muskatnuss
200 ml Fleischbrühe

# Zubereitung:

**1.** Den Spinat verlesen, putzen, waschen und die harten Stiele entfernen. Die Zwiebel und die Knoblauchzehen schälen und fein würfen.

**2.** Die Nudeln in 6 bis 8 l Wasser mit 2 EL Salz ca. 6 Minuten bissfest garen.

**3.** Das Olivenöl in einem Topf erhitzen und die Zwiebel- sowie die Knoblauchwürfel darin goldgelb anschwitzen. Den Spinat dazugeben, mit der Brühe aufgießen und einige Minuten köcheln lassen. Dann die Sahne hinzufügen und das Ganze mit Salz, Pfeffer sowie Muskat abschmecken.

**4.** Die Nudeln durch ein Sieb abgießen und gut abtropfen lassen. Den Schinken in ca. 2 cm breite Streifen schneiden und in einer Pfanne etwas anbraten.

**5.** Die Nudeln auf vorgewärmte Teller verteilen, die Soße darüber geben und mit den Schinkenstreifen bestreut servieren.

Tipp:
Das Gericht lässt sich sehr schön mit halbierten Cocktailtomaten garnieren.

# Nudeltopf mit Spinat

# Zutaten für 2 Personen:

250 g gerillte Bandnudeln
150 g Linsen
3 rote Zwiebeln
1 Knoblauchzehe
2 Lorbeerblätter
30 g Butter
300 ml süße Sahne

100g gekochter Schinken
70 g geriebener Käse
1 Bund Schnittlauch
1 Zweig Rosmarin
Salz
Pfeffer

# Zubereitung:

1. Die Linsen so lange waschen, bis das Wasser klar bleibt, dann mit 500 ml Wasser in einem Topf bei schwacher Hitze ca. 35 bis 40 Minuten garen. Danach mit etwas Salz würzen.

2. Die Bandnudeln in 5 l Wasser mit 2 EL Salz ca. 9 Minuten bissfest garen.

3. Die Zwiebeln sowie den Knoblauch schälen und fein würfeln. Die Butter in einem Topf erhitzen und beides kurz anschwitzen. Die Linsen, die Lorbeerblätter und die Sahne dazugeben, bei offenem Topf ca. um ⅓ einkochen lassen.

4. Den Rosmarinzweig sowie den Schnittlauch waschen und trockenschütteln. Die Rosmarinnadeln abzupfen und fein hacken, den Schnittlauch in feine Röllchen, den Schinken in kleine Würfel schneiden. Die Kräuter, den Schinken und ⅓ des Käses zur Soße geben und mit Salz und Pfeffer abschmecken.

5. Die Nudeln durch ein Sieb abgießen, gut abtropfen lassen, mit der Soße mischen und auf vorgewärmten Tellern anrichten. Zum Schluss den restlichen Käse darüber streuen.

Tipp:
Linsen erst nach dem Garen salzen, sonst werden sie beim Kochen hart.

## Zutaten für 4 Personen:

250 g breite Nudelnester
3 Zwiebeln
5 EL Pflanzenöl
1 Lorbeerblatt
2 EL Tomatenmark
1 EL Paprikapulver
400 g geschälte Tomaten
250 g grüne Stangenbohnen

750 g weiße Bohnen (aus dem Glas)
3 Knoblauchzehen
100 ml Gemüsebrühe
50 g geriebener Käse
Salz
Pfeffer
½ TL Zucker

## Zubereitung:

**1.** Die grünen Bohnen putzen, waschen und in grobe Stücke brechen. Die weißen Bohnen abgießen, abspülen und gut abtropfen lassen. Die Knoblauchzehen schälen und fein würfeln.

**2.** 3 EL Öl erhitzen und zunächst die Knoblauchwürfel andünsten, dann die Bohnen dazugeben, kurz mit anschwitzen, mit der Brühe ablöschen und bei geöffnetem Topf ca. 20 Minuten garen. Die Flüssigkeit soll nahezu verdampft sein.

**3.** Die Zwiebeln schälen und in feine Würfel schneiden. Das restliche Öl in einem Topf erhitzen und die Zwiebelwürfel ca. 5 Minuten andünsten. Das Tomatenmark hinzufügen und kurz anrösten, dann die Tomaten dazugeben und mit einer Gabel grob zerteilen. Das Lorbeerblatt ebenfalls

hinzufügen und das Ganze mit Salz, Pfeffer, Zucker und Paprikapulver abschmecken. Bei milder Hitze ca. 10 bis 15 Minuten köcheln lassen.

**4.** Nach Ablauf der Garzeit die Bohnen zur Tomatensoße geben, beides miteinander verrühren und warm stellen.

**5.** Die Nudeln in 5 l Wasser mit 1 EL Salz ca. 9 Minuten bissfest garen. Danach durch ein Sieb abgießen und gut abtropfen lassen.

**6.** Die Tomaten-Bohnen-Soße auf eine Platte oder vorgewärmte Teller geben, die Nudeln mit einer Fleischgabel zu Nestern aufdrehen und darauf setzen. Mit dem geriebenen Käse bestreut servieren.

# Nudelnester mit Bohnen

## Zutaten für 4 Personen:

500 g Nudelreis
500 g grüne Bohnenkerne
(aus dem Glas)
250 g Muskatkürbis
1 Zwiebel
1 Knoblauchzehe
1 kleine Fenchelknolle

3 EL Pflanzenöl
500 ml Gemüsebrühe
Salz
Pfeffer
geriebene Muskatnuss
50 g Schafs- oder Ziegenkäse

## Zubereitung:

**1.** Die Bohnen durch ein Sieb abgießen und gut abtropfen lassen. Das Kürbisfruchtfleisch in kleine Würfel schneiden. Die Zwiebel und den Knoblauch schälen und ebenfalls würfeln. Den Fenchel putzen, waschen und in kleine Stücke schneiden.

**2.** Das Öl in einer großen Pfanne erhitzen und die Zwiebel- sowie die Knoblauchwürfel darin anschwitzen. Das Kürbisfruchtfleisch hinzufügen und mit 250 ml Brühe aufgießen. Bei mittlerer Hitze ca. 8 bis 10 Minuten köcheln lassen, dabei ab und zu umrühren.

**3.** Den Nudelreis in 6 bis 8 l Wasser mit 2 EL Salz ca. 10 Minuten bissfest garen.

**4.** Nach Ablauf der Garzeit einen Teil der Kürbiswürfel mit einer Gabel zerdrücken, dann den Fenchel und die Bohnen dazugeben, weitere 10 Minuten kochen lassen. Eventuell zwischendurch mit der restlichen Gemüsebrühe aufgießen. Zum Schluss kräftig mit Salz, Pfeffer und Muskat abschmecken.

**5.** Den Nudelreis durch ein Sieb abgießen und gut abtropfen lassen, zum Gemüse geben und alles gut miteinander vermischen. Das Ganze auf vorgewärmten Tellern anrichten und etwas Schafs- oder Ziegenkäse darüber bröckeln.

# Fruchtiger Nudelreis

## Zutaten für 4 Personen:

500 g Kräuterspätzle
3 EL Apfelessig
20 g Butter
250 ml Fleischbrühe
1 kleine Zwiebel
3 EL saure Sahne

3 EL Mehl
Salz
Pfeffer
½ Bund Petersilie

## Zubereitung:

**1.** Die Zwiebel schälen und in feine Würfel schneiden. Die Butter in einer Pfanne erhitzen und die Zwiebel-würfel darin andünsten.

**2.** Das Mehl über die Zwiebeln stäu-ben und kurz mit anrösten. Dann mit Essig und Fleischbrühe ablöschen, das Ganze ca. 5 Minuten leicht köcheln lassen.

**3.** Zwischenzeitlich die Kräuter-spätzle in 6 bis 8 l Wasser mit 2 EL Salz ca. 14 Minuten bissfest garen.

**4.** Die saure Sahne zur Soße geben und diese mit Salz sowie Pfeffer pikant abschmecken. Die Spätzle durch ein Sieb abgießen, gut ab-tropfen lassen und zur Soße geben. Nochmals kurz aufkochen lassen.

**5.** Die Petersilie waschen, trocken-schütteln und fein hacken. Die Nudeln auf vorgewärmte Teller verteilen und mit der gehackten Petersilie bestreuen.

*Tipp:*
*Beim Kochen verlieren die Petersilienblätter viel von ihrem Geruch und Geschmack. Deshalb hat schon Oma gewusst, dass es besser ist, Speisen erst zum Schluss mit Petersilie zu bestreuen.*

# Saure Kräuterspätzle

## Zutaten für 4 Personen:

500 g bunte Nudeln
2 mittelgroße Stangen Lauch
250 g Tomaten
2 Möhren
1 Bund Petersilie
4 Eier
140 g Gouda

200 ml süße Sahne
Salz
Pfeffer
geriebene Muskatnuss
Butter für das Backblech

## Zubereitung:

**1.** Die Tomaten an der Blüte über Kreuz einschneiden, mit kochendem Wasser überbrühen und die Haut abziehen. Danach vierteln, den Stielansatz und die Kerne entfernen und das Fruchtfleisch grob würfeln.

**2.** Die Nudeln in 8 bis 10 l Wasser mit 2 EL Salz ca. 6 Minuten bissfest garen. Den Lauch putzen, waschen und in ½ cm breite Streifen schneiden. Die Möhren schälen und in Würfel schneiden. Nach der Hälfte der Garzeit beide Gemüse zu den Nudeln geben.

**3.** Zwischenzeitlich den Gouda reiben und mit den Eiern und der Sahne verquirlen. Die Petersilie waschen, trockenschütteln und fein gehackt ebenfalls hinzufügen. Mit Salz, Pfeffer und Muskat würzen.

**4.** Die Nudeln mit dem Gemüse durch ein Sieb abgießen und gut abtropfen lassen.

**5.** Ein Backblech oder eine große Auflaufform gut mit Butter einfetten, die Gemüse-Nudeln und die Tomatenwürfel darauf verteilen und mit der Eier-Käse-Sahne übergießen. Im vorgeheizten Backofen bei 200° C, Heißluft 180° C, Gas Stufe 2–3 ca. 20 bis 25 Minuten stocken lassen.

# Bunter Nudelauflauf

## Zutaten für 4 Personen:

250 g Spagetti
500 g Tomaten
2 Stangen Lauch
2 Möhren
2 Zwiebeln
1 kleine Sellerieknolle
100 g geriebener Emmentaler

4 EL Olivenöl
1 EL Butter
Salz
Pfeffer
1 Zweig Thymian

## Zubereitung:

*1.* Die Tomaten an der Blüte über Kreuz einschneiden und mit kochendem Wasser überbrühen. Danach die Haut abziehen, die Tomaten vierteln, die Kerne und den Strunk entfernen. Das Fruchtfleisch in Würfel schneiden.

*2.* Den Lauch putzen, waschen, vierteln und in Quadrate schneiden. Die Möhren und den Sellerie schälen, waschen und würfeln. Die Zwiebeln schälen und ebenfalls fein würfeln.

*3.* Die Spagetti in 5 l Wasser mit 1 EL Salz ca. 9 bis 10 Minuten bissfest garen. Die vorbereiteten Gemüse kurz in dem kochenden Nudelwasser blanchieren.

*4.* Nach Ablauf der Garzeit die Spagetti durch ein Sieb abgießen, mit kaltem Wasser abschrecken und gut abtropfen lassen. Danach zurück in den Topf geben, die Butter hinzufügen und die Nudeln darin schwenken.

*5.* Das Öl in einem Topf erhitzen und die Zwiebelwürfel darin andünsten. Die Tomatenwürfel hinzufügen und 5 Minuten köcheln lassen. Zum Schluss das blanchierte Gemüse dazugeben und 2 bis 3 Minuten durchziehen lassen.

*6.* Den Thymian waschen und die Blättchen abzupfen. Die Gemüsesoße mit Salz, Pfeffer und Thymian abschmecken, die Spagetti dazugeben und alles gut vermischen. Das Ganze in eine große Schüssel füllen und mit dem geriebenen Käse bestreut servieren.

Tipp:
Dazu passt ein grüner Kopf- oder Feldsalat.

## Zutaten für 4 Personen:

500 g Spätzle
1 Zwiebel
150 g Schweineschmalz
100 g Dörrfleisch
500 g Sauerkraut
1 Lorbeerblatt

5–6 Wacholderbeeren
1 l Fleischbrühe
1 Prise Zucker
Salz
Pfeffer

64

## Zubereitung:

**1.** Die Zwiebel schälen und in dünne Ringe schneiden. Das Dörrfleisch fein würfeln. 50 g Schweineschmalz in einem Topf erhitzen und die Zwiebelringe sowie die Dörrfleischwürfel darin scharf anbraten.

**2.** Das Sauerkraut, das Lorbeerblatt, die Wacholderbeeren und den Zucker ebenfalls in den Topf geben, mit der Fleischbrühe auffüllen und das Ganze ca. 20 bis 30 Minuten leicht köcheln lassen. Dabei soll die Flüssigkeit nahezu vollständig verdampfen. Achtung: Nicht anbrennen lassen.

**3.** Die Spätzle in 6 bis 8 l Wasser mit 2 EL Salz ca. 7 bis 8 Minuten bissfest garen. Danach durch ein Sieb abgießen und gut abtropfen lassen.

**4.** Das restliche Schweineschmalz in einer Pfanne erhitzen und die Spätzle darin goldbraun anbraten. Das Sauerkraut dazugeben, alles gut vermischen und kurz durchschwenken.

**5.** Die Sauerkrautspätzle auf vorgewärmte Teller verteilen und servieren.

Tipp:
Qualitativ gutes Sauerkraut ist hell, knackig, hat einen feinsäuerlichen Geruch und einen angenehm würzigen Geschmack. Schon zu Omas Zeiten galt es als ausgesprochen gesund.

## Zutaten für 4 Personen:

500 g Spagetti
1 kg Tomaten
4 EL Olivenöl
2 Zwiebeln
3 Knoblauchzehen
6 TL Tomatenmark

1 TL Zucker
Salz
Pfeffer
Basilikum

## Zubereitung:

**1.** Die Tomaten an der Blüte mit einem scharfen Messer über Kreuz einschneiden und mit kochendem Wasser übergießen. Ca. 5 Minuten stehen lassen, bis sich die Haut am Einschnitt leicht rollt. Das Wasser abschütten und die Tomaten kurz in kaltes Wasser legen, abgießen und enthäuten. Den Stielansatz herausschneiden und die Tomaten in kleine Stücke hacken.

**2.** Die Zwiebeln schälen und in kleine Würfel schneiden. Den Knoblauch schälen und mit einer Knoblauchpresse über die Zwiebeln drücken.

**3.** Das Öl in einem Topf erhitzen, die Zwiebeln mit dem Knoblauch hineingeben und unter ständigem Rühren andünsten.

**4.** Die gehackten Tomaten, den Zucker und das Tomatenmark hinzufügen und alles mit einem Holzrührlöffel gut vermischen. Zugedeckt ca. 30 Minuten köcheln lassen. Mit Salz und Pfeffer abschmecken.

**5.** Ca. 5 bis 6 Liter Wasser zum Kochen bringen, 2 EL Salz und die Nudeln dazugeben. In 5 bis 8 Minuten bissfest garen. Durch ein Sieb abgießen und gut abtropfen lassen.

**6.** Die Spagetti und die Tomatensoße auf vorgewärmte Teller verteilen und mit Basilikumblättchen garniert sofort servieren.

### Tipp:

Die Nudeln mit Tomatensoße in portionsgroße feuerfeste Formen füllen. Geriebenen Käse darüber streuen und das Ganze im vorgeheizten Backofen bei ca. 180 bis 190° C 5 bis 10 Minuten überbacken, bis der Käse verlaufen ist.

# Nudeln mit Tomatensoße

## Zutaten für 4 Personen:

500 g halbbreite Bandnudeln
500 g Weißkraut
125 g Dörrfleisch
1 Zwiebel
60 g Schweineschmalz
1 TL Kümmel
Salz, Pfeffer
½ Bund Schnittlauch

## Zubereitung:

**1.** Das Weißkraut von den äußeren Blättern befreien, mit einem scharfen Messer halbieren und den Strunk herausschneiden. Die Blätter ablösen, waschen und in 3 cm breite Streifen schneiden, danach in Rauten. Die Zwiebel schälen und fein würfeln. Das Dörrfleisch ebenfalls würfeln.

**2.** Die Nudeln in 6 bis 8 l Wasser mit 2 EL Salz ca. 10 Minuten bissfest garen.

**3.** Das Schweineschmalz in einer großen Pfanne erhitzen und die Dörrfleischwürfel darin kross anbraten. Danach die Zwiebelwürfel dazugeben und andünsten. Anschließend das Kraut hinzufügen und gut 10 bis 15 Minuten dünsten, es darf dabei ruhig ein wenig braun werden. Mit Salz, Pfeffer und Kümmel abschmecken.

**4.** Die Nudeln durch ein Sieb abgießen, abtropfen lassen und zum Schluss zum Kraut geben, für ein paar Minuten mitbraten. Auf vorgewärmten Tellern anrichten, mit dem in kleine Röllchen geschnittenen Schnittlauch bestreuen und servieren.

Tipp:
Schweineschmalz passt hervorragend auch zu anderen deftigen Gerichten und verleiht ihnen einen herzhaften Geschmack. Es eignet sich nicht nur zum Kochen, sondern auch als leckerer Brotaufstrich.

# Weißkrautnudeln

## Zutaten für 4 Personen:

500 g Muschelnudeln
250 g Champignons
1 Knoblauchzehe
1 EL Pflanzenöl
1 Staudensellerie (ca. 400 g)
50 ml trockener Weißwein

50 ml Wasser
200 ml süße Sahne
1 TL Paprikapulver
Salz
Pfeffer

## Zubereitung:

**1.** Die Champignons putzen und mit einem Bürstchen säubern. Große Pilze vierteln, etwas kleinere halbieren. Den Staudensellerie waschen, die harten Fäden abziehen und den Rest grob würfeln. Den Knoblauch schälen und in feine Würfel schneiden.

**2.** Die Nudeln in 6 bis 8 l Wasser mit 2 EL Salz ca. 9 Minuten bissfest garen.

**3.** Das Öl in einem Topf erhitzen und die Champignons sowie den Knoblauch darin andünsten, dann die Selleriestücke dazugeben und ein paar Minuten weiterdünsten.

**4.** Danach mit Wein sowie 50 ml Wasser ablöschen und zugedeckt 3 bis 5 Minuten garen. Die Sahne hinzufügen und das Ganze mit Salz, Pfeffer und Paprikapulver pikant abschmecken.

**5.** Die Nudeln durch ein Sieb abgießen, gut abtropfen lassen, in die Soße geben und alles gut vermischen. Auf vorgewärmte Teller verteilen und sofort servieren.

# Sellerie~Pilz~Nudeln

## Zutaten für 4 Personen:

500 g Dinkelnudeln
60 g gemischte Waldpilze (getrocknet)
1 EL Butter
1 EL Öl
2 Frühlingszwiebeln
2 Knoblauchzehen
125 g Dörrfleisch
125 ml trockener Weißwein
125 ml Milch

2 Eier
Salz
Pfeffer
1 ½ TL Speisestärke
75 g geriebener Emmentaler
½ TL getrockneter Thymian
1 Bund Petersilie

## Zubereitung:

**1.** Die getrockneten Pilze mit heißem Wasser überbrühen und ca. eine Stunde quellen lassen. Danach durch ein Sieb abgießen und gut abtropfen lassen.

**2.** Die Frühlingszwiebeln putzen, waschen und in Ringe schneiden. Den Knoblauch schälen und zusammen mit dem Dörrfleisch fein würfeln. Die Petersilie waschen, trockenschütteln und fein hacken.

**3.** In einer Pfanne das Öl erhitzen, die Butter und die Dörrfleischwürfel hinzufügen und kurz anrösten. Dann die Pilze dazugeben und ca. 5 bis 8 Minuten leicht anbraten. Mit dem Weißwein ablöschen und kräftig mit Salz, Pfeffer und Thymian würzen. Die Frühlingszwiebeln und den Knoblauch zum Schluss dazugeben und unterrühren.

**4.** Die Nudeln in 6 bis 8 l Wasser mit 2 EL Salz ca. 8 Minuten bissfest garen. Danach durch ein Sieb abgießen und gut abtropfen lassen.

**5.** In der Zwischenzeit eine Auflaufform mit Butter gut einfetten und den Backofen auf 200° C, Heißluft 180° C, Gas Stufe 3 vorheizen.

**6.** Die Nudeln und die Petersilie zur Pilzmischung geben, alles gut miteinander vermischen und in die Form füllen. Die Eier mit der Milch verquirlen, die Speisestärke und den Käse unterrühren und das Ganze über die Nudeln gießen. Den Auflauf ca. 10 Minuten überbacken (bis die Eiermilch gestockt hat) und sofort servieren.

# Nudeln mit Waldpilzen

## Zutaten für 2 Personen:

250 g Schleifennudeln
250 g frische Champignons
1 Knoblauchzehe
2 Frühlingszwiebeln
100 g Dörrfleisch
40 g Butter

400 ml süße Sahne
Salz
Pfeffer
1 Bund Petersilie

## Zubereitung:

**1.** Die Champignons putzen, eventuell vorhandenen Schmutz mit einem Bürstchen oder Kuchenpinsel entfernen. Große Köpfe grob zerteilen, kleinere Pilze vierteln.

**2.** Die Frühlingszwiebeln putzen, waschen und in Ringe schneiden. Den Knoblauch schälen und fein würfeln. Das Dörrfleisch würfeln und in einer Pfanne auslassen, die Frühlingszwiebeln, den Knoblauch, die Butter sowie die Champignons dazugeben und alles unter Rühren ca. 10 Minuten dünsten.

**3.** Zwischenzeitlich die Nudeln in 5 l Wasser mit 2 EL Salz ca. 8 Minuten bissfest garen.

**4.** Die Petersilie waschen, trockenschütteln und fein hacken. Die Sahne zu den Pilzen geben und etwas einkochen lassen. Vom Herd nehmen und mit Salz und Pfeffer abschmecken. Die gehackte Petersilie unterrühren.

**5.** Die Nudeln durch ein Sieb abgießen, auf vorgewärmte Teller verteilen, die heiße Soße darüber geben und servieren.

Tipp:
Champignons können nur kurze Zeit gelagert werden. Der Lagerort sollte nicht nur kühl, sondern auch sonnen- und zugluftgeschützt sein. Die Frische der Champignons erkennt man am geschlossenen Pilzhut.

# Nudeln mit Champignonsoße

## Zutaten für 4 Personen:

500 g Schleifennudeln
500 ml Milch
3 Esslöffel Zucker
1 Prise Salz
20 g Butter
1 Ei
1 Vanilleschote
2 TL Speisestärke

## Zubereitung:

**1.** Die Speisestärke mit 3 EL kalter Milch in einer Tasse oder einer kleinen Schüssel anrühren.

**2.** Die restliche Milch und den Zucker in einen Topf geben und zum Kochen bringen. Die Vanilleschote der Länge nach mit einem scharfen Messer aufschneiden, das Mark herauskratzen und beides zur Milch geben.

**3.** Die Nudeln in 6 bis 8 l Wasser mit 1 TL Salz ca. 8 Minuten bissfest garen.

**4.** Sobald die Milch aufgekocht hat, die Vanilleschote herausnehmen und die angerührte Speisestärke unter Rühren hinzufügen. Aufwallen lassen, bis die Soße etwas eingedickt ist. Den Topf vom Herd nehmen und kurz abkühlen lassen.

**5.** Das Ei trennen und das Eigelb mit einem Schneebesen in die Soße rühren. Das Eiweiß zu steifem Schnee schlagen und unterheben.

**6.** Die Nudeln durch ein Sieb abgießen, die Butter dazugeben und vorsichtig mischen, auf vorgewärmten Tellern anrichten. Mit der Vanillesoße servieren.

*Tipp:*
*Reines Vanillin riecht zwar erkennbar vanilleähnlich, ihm fehlt aber der feine und vielschichtige Geschmack der echten Vanille. Deshalb kann es Vanille in Qualitätsprodukten nicht ersetzen. Dies werden Sie auch bei der Vanillesoße merken.*

# Schleifchen mit Vanillesoße

## Zutaten für 2 Personen:

250 g Riebele
1 kg Zwetschgen
5 EL Zucker
1 Vanilleschote
½ TL Zimt
1 Msp. gemahlene Nelken
2 Sternanis

½ unbehandelte Orange
1 TL Butter
6 Eigelb
150 ml lieblicher Rotwein
50 g Mandelblättchen
100 g Crème fraîche

## Zubereitung:

**1.** Die Zwetschgen waschen, entsteinen und in Spalten schneiden. Die Orange auspressen und den Saft dabei auffangen, danach ein Viertel der Schale abschneiden und in eine Pfanne geben. In einer zweiten Pfanne die Mandelblättchen ohne Fett anbräunen und beiseite stellen.

**2.** Zu der Orangenschale 2 EL Zucker sowie die Butter hinzufügen, bei mittlerer Hitze den Zucker schmelzen. Dann die Zwetschgen dazugeben sowie die Nelken, den Zimt und den Sternanis. Die Vanilleschote aufschlitzen, das Mark herauskratzen und beides in die Pfanne geben. Bei geschlossenem Deckel ca. 5 Minuten dünsten.

**3.** Die Nudeln in 5 l Wasser ca. 6 Minuten bissfest garen. Eine Auflaufform gut mit Butter einfetten. Den Backofen auf 200° C, Heißluft 180° C, Gas Stufe 2–3 vorheizen.

**4.** Den Sternanis, die Vanilleschote und die Orangenschale aus der Pfanne nehmen. Die Nudeln durch ein Sieb abgießen, kalt abschrecken und gut abtropfen lassen. Danach mit den Zwetschgen mischen.

**5.** Die Eigelbe mit dem restlichen Zucker in eine Schüssel geben und mit einem Schneebesen über heißem Wasserdampf schaumig schlagen, den Orangensaft sowie den Rotwein dazugießen und so lange weiterschlagen, bis eine Creme entsteht.

**6.** Die Zwetschgen-Nudel-Mischung in die Auflaufform geben, den Rotweinschaum darüber gießen und im Backofen ca. 15 Minuten stocken lassen. Zwischenzeitlich die Crème fraîche mit etwas Zucker verrühren.

**7.** Nach Ablauf der Garzeit den süßen Auflauf aus dem Ofen nehmen, auf Teller verteilen, mit den gerösteten Mandelblättchen bestreuen und noch warm mit der Crème fraîche servieren.

# Süße Zwetschgennudeln

# Zutaten für 4 Personen:

500 g Bandnudeln
100 g Semmelbrösel
150 g Butter
brauner Zucker

# Zubereitung:

**1.** Die Bandnudeln in 6 bis 8 l Wasser und 1 TL Salz ca. 10 Minuten bissfest garen. Danach durch ein Sieb abgießen und gut abtropfen lassen.

**2.** Die Butter bei mäßiger Hitze in einer Pfanne zerlassen und hellbraun werden lassen. Vorsicht: Butter verbrennt sehr schnell. Die Semmelbrösel dazugeben und knusprig anbraten.

**3.** Die Nudeln auf vorgewärmten Tellern anrichten, mit den angerösteten Semmelbröseln und dem Zucker bestreuen und sofort servieren.

Tipp:
Dazu passt hervorragend ein mit Zimt gewürztes Apfelmus.
Oma hat Semmelbrösel aus alten, trockenen Semmeln gewonnen: diese einfach in Stücke schneiden, in die Küchenmaschine geben und fein zerkleinern.

## Zutaten für 2 Personen:

250 g Blüten (gewellte Nudeln)
1 l Milch
1 Prise Salz
50 g Zucker
1 TL Zimt

1 Vanilleschote
40 g Butter
1–2 EL Speisestärke
1 EL Honig

## Zubereitung:

**1.** Die Milch in einem großen Topf zum Kochen bringen. Die Vanilleschote aufschlitzen, das Mark herauskratzen und in die Milch geben. Das Salz, den Zucker, den Zimt und die Hälfte der Butter ebenfalls hinzufügen.

**2.** Sobald die Milch kocht, die Nudeln hineingeben und ca. 10 Minuten garen.

**3.** Nach Ablauf der Garzeit die Nudeln durch ein Sieb abgießen, dabei die Milch in einem Topf auffangen.

**4.** Die Nudeln mit der restlichen Butter mischen und warm stellen.

**5.** Die Speisestärke mit etwas kalter Milch in einer Tasse oder einer kleinen Schüssel anrühren. Die Milch erneut zum Kochen bringen und die Speisestärke unter Rühren hineingießen, aufkochen lassen, bis die Soße gebunden ist, und zum Schluss mit dem Honig abschmecken.

**6.** Die Nudeln in eine Schüssel geben, die heiße Soße darüber gießen und sofort servieren.

*Tipp:*
*Dazu schmeckt eingeweichtes Dörrobst.*

# Zimtnudeln mit Honig

# Register

© 2005 SAMMÜLLER KREATIV GmbH

Genehmigte Lizenzausgabe
EDITION XXL GmbH
Fränkisch-Crumbach 2005
www.edition-xxl.de

Foodstyling: Bernd Fach
Fotografie und Satz: Henrik Stürzebecher
Illustrationen: Corinna Panayi-Konrad
Titelillustration mit freundlicher
Genehmigung der
Fa. Franz Tress GmbH & Co. KG,
72525 Münsingen

ISBN 3-89736-138-8

Tress
Nudeln · Liebevoll wie hausgemacht!